JN438907

쉬지 않는 바람처럼

쉬지 않는 바람처럼

김일홍 시집

그림과책

■ 시집을 펴면서

아련한 추억 속의 어린 시절 철모르고 시작한 공직생활 어언 40년을 뒤돌아보면 너무도 먼 길 하루도 쉼 없이 달려온 날들, 어느 한날 걱정 없이 지내온 날은 없었건만 돌이켜 보면 즐거움과 보람된 날도 많았습니다.

공직생활 대부분을 어촌의 어민들과 살을 부대끼며 거친 바다가 민원의 현장이었고 그들의 애환을 누구보다 잘 알기에 고달픈 어민들의 생활사를 글로 표현하기 위해 노력하였지만 짧은 글 실력으로는 한계가 있었습니다.

어느 날 나의 고민을 알고 지인 한 분이 야간대학에서 문학 공부를 할 수 있는 방법을 알려주어 나는 아무 망설임 없이 문예창작과에 지원하여 늦깎이 공부를 시작하였습니다.

습작의 노력으로 월간 시사문단 시 부문 신인상을 수상하기도 했습니다. 하지만 시를 쓴다는 건 자신의 내면을 보여주는 어렵고 부끄러운 작업이었습니다.

자신감 하나로 글을 쓴다는 것은 너무나 부족한 점이 많았습니다. 매일 밀리는 업무와 현장 민원 해결, 정부정책의 수행, 하루도 편안한 마음으로 글을 쓸 수 없는 입장이었습니다. 하지만 습작으로 조금씩 써 모아둔 글을 퇴임 기념으로 작은 책자로 묶기로 결심했습니다.

이 책에 실린 글은 어민의 애환과 나의 삶, 나의 가족들의 이야기를 있는 그대로 표현하려고 노력하였으며, 앞으로 나의 남은 삶을 시와 함께할 수 있는 마중물로 삼아 좀 더 노력하고 겸손한 마음으로 글쓰기에 정진하리라고 다짐해봅니다.

끝으로 40여 년 동안 공직생활을 할 수 있도록 도와주신 지역 선후배님과 직장동료 여러분께 머리 숙여 감사드리며 아울러 항상 나를 위해 밤낮으로 기도해주시는 사랑하는 나의 어머니 그리고 든든한 후원자 아내, 아들딸, 며느리, 우리 손녀 예빈이 정말 고맙고 사랑합니다.

2016년 초여름에

김 일 홍

차 례

제1부 바다와 어부

제2부 그리운 시절

차 례

제3부 세월의 흔적

제4부 인생의 뒤안길

제1부

바다와 어부

태풍

발동선 스피커에서 귀에 익은
유행가 가락이 울려 퍼진다
바다는 고요 속에 침묵하고
너울 부딪치는 소리가 잔잔하다

제비는 낮게 날아 제집을 찾고
바닷가 갯강구는 육지로 이사를 하고
멀리 외딴섬이 물 위로 올라
반쯤 하늘에 걸려 있다
늙은 어부는 통구미를 뭍으로 올리고
어부의 아내는 장독간 뚝사리*에
몽돌을 올려놓는다

검은 구름이 하늘 가운데로 모이고
하늘이 내려앉는 듯 먹구름과 바다의 구분이 없다
점차 바다는 춤을 추고
파도는 미친 듯이 용트림을 한다
바람의 울음소리와 파도의 용트림이
순식간에 통구미를 삼키고
마을을 삼키며 미쳐 운다

세상은 온통 백야의 희미함 속
질풍노도의 성난 회오리가
천년 노송을 입에 물고 어둠 속
하늘을 오른다

늙은 어부와 아낙은 파도가
삼키고 간 통구미를 찾으며
멍하니 바다만 바라보고 서 있다

*뚝사리 : 뚝배기의 경남지방의 방언

만선

수평선 너머 새벽을 안고
만선의 깃발 달고 물새
앞세우며 포구의 아침을 연다

선착장은 금세 시끌벅적
갑옷으로 무장한 어부의 비장함
입에 문 담배 연기 허공에 흩어지고
세월의 온갖 풍상 얼굴에 새긴 깊은 주름

대여섯 줄을 지어
노래 장단 맞춰
어여라 차 어여라 차
그물에 달린 멸치 하늘 높이
날아 갈매기 부른다

뒷줄에선 어부의 아낙
머리 위에 은빛 눈 가득 쌓이고
멸치 이삭줍기 바쁘다

바다

바다와 맞닿는 곳
수평선 위의 점점이 뜨이는 작은 섬
바람에 밀려 육지에 부딪히는
파도의 둔탁한 소리
겨울 바닷가의 황량함
갈매기 소리보다는
겨울 철새 울음소리가 요란하다
인생 여정의 끝자락에 촌로의 얼굴에
깊이 새긴 주름 속에
겨울은 더욱 처량하다

포구에 매인 목선은 주인 손질
끊인 지 오래
가슴까지 시리온 찬바람
한해의 끝 저녁노을은
섬 넘어 붉은 구름 속으로
사라진다
그물에 걸린 바람처럼
가슴 한곳 묵은 때
날려 보낸다

선창

비는 추적추적 소리 없이 내리고
선창의 어선은 주인을 잃은 채
힘없는 로프에 의지하고
갈매기 놀이터 된 지 오래
주막의 아낙 하염없이
먼 수평선만 바라본다

지난여름 태풍에 남편을 잃은
기억이 아직도 생생하다
그놈의 태풍이
사랑하는 임과 전 재산을 앗아갔다

배를 잃은 어부들이 한둘 주막으로
모여들고 주전자가 토하는 막걸리
막사발에 가득 따라 몇 순배 돌며
그물에 시달린 투박한 손으로
담배 한 대 입에 물고 신세타령

주모와 어부는 세상사 원망하며
처량한 유행가 가락 나무젓가락 장단에
목 놓아 슬피 우네

포구

새벽 물안개 수평선 위 갈매기 앞세우고
어선의 분주함이 아침을 연다
포구는 금세 시끌벅적 부산하다
갓 잡은 싱싱한 갑오징어 갈치 삼치 온갖
생선이 위판장에 진열되어 경매를 기다린다
아낙들의 손길이 바삐 움직인다
막 잡아온 자망* 고기 따기 바쁘다

*자망 : 물고기가 지나가다가 그물코에 걸리도록 하는 그물. 가로가 길고 세로가 짧다.

바람

바람이 분다
바다에서 불어오는 매서운 바람
온몸을 겹겹이 입어도 바람이
뼛속까지 여민다

언제쯤 훈풍이 불까
마음은 벌써 봄인데 바다는
아직도 겨울
요즘 서민들은 다들 힘들다고 한다
올겨울 한파 때문일까
아니면 주머니가 얇아서 때문일까
바람이라도 조금 순풍이면 좋겠다

봄이 얼마 남지 않았는데
이 겨울 없는 이를 더욱 슬프게 한다
조금만 기다리자
저 멀리서 봄바람이 불어올 테니까

여름

쪽빛 바다 끝없는 수평선
뙤약볕 비키니의 나신
젊은 청춘남녀들의 일상의 탈출
부딪혀 아스라이 부서지는 파도

뭉게구름 하늘 높이 피어올라
먼 나라 떠나는 외항선 무사 귀항
기원하듯 환송하네

낮은 해무 바다에 깔려
쪽배의 작은 돛대만 불쑥 내밀고
오늘도 삶의 한 자락을 찍고
어부의 피곤한 하루가 저문다

세월

수평선 너머 구름 사이로 살짝
보이는 섬은 누구의 얼굴입니까
붉게 탄 저녁노을은 아직도
남아 있는 청춘의 마음입니까
숱한 세월 아무 말 없는 순결은
누구를 그리는 그리움입니까

대마도

선홍빛 붉은 동백꽃은
선열들의 피맺힌 원혼인가
임들의 소리 없는 외침은 지금도
힘없는 조국을 원망하는가

현해탄의 검붉은 바다 빛은
옛날이나 지금이나
변함없건만 선조들의 외침에
아무도 대답 없네

임의 곧은 절개
저들도 탄복하여
신사에 모시고 찬양하였네

임들의 마음
하늘 높이 날고 있는 솔개는 아는가
망국의 선비와 왕녀는 슬픈 사연
간직한 채 비석만 외롭네

괌

바람도 머물고 싶어지는 곳
어디서 오는지 알 수 없는 너울
하얀 물보라를 일으키며
해안 산호초와 부딪혀
조용히 사라진다

영겁의 세월 삶의 애정이
묻어나 그 옛날 구도자처럼
끝없는 고요함 속에
또 다른 나를 발견한다

오늘 살아 있으며 감사하고
하루하루 범사에 감사하며
나와 함께한 모든 임들
임의 즐거움이 곧 나의
행복이라는 것과

한 공간 속에
숨 쉬며 행동하는 것이
진정한 자유임을 느낀다

제2부

그리운 시절

아버지의 논

갈라진 마른 땅에 물들어가는 소리
우리 새끼 목구멍에 밥 넘어가는 소리가
제일 좋다던 당신
신발이라곤 장화와 고무신이 전부인 당신
평생을 가죽구두 한번 신어본 적이 없는
울 아부지

봄부터 가을까지 맨발로 논바닥을
쟁기와 쓰레질로 다녀 돌처럼 굳어
못에 찔려도 피 한 방울 나오지 않는
발바닥 땀과 흙으로 범벅이 된 얼굴

비가 오면 날씨가 시원해 일하기 좋고
바람 불면 땀이 말라 일하기 좋고
막걸리 한 사발에 하루의 피곤함을 달래고
사슴골* 다랑논에서
지게 가득 풀 한 짐 지고 땅거미 지는
해그름에 콧노래 부르면 하루를
마치는 울 아부지

오늘따라 당신이 보고 싶은 마음은

살아생전 사랑한다고 말 한마디
못한 이 못난 자식의 한인가 봅니다

*사슴골 : 거제시 거제면에 있는 지명 이름.

아버지

거름 바지게 진 아버지 따라
꼬불꼬불 고랑 돌아 돌다리 건너
홍골* 다랑논 가는 길

맑은 도랑에 붕어 새끼 송사리 떼
줄을 지어 달리고
물속 수초에 숨바꼭질하네

물에 비친 작은 얼굴
뉘 얼굴인지 알 수 없고
바지게 받쳐 놓고 맨발로
거름 뿌리며

벗어놓은 큰 고무신
물에 띄워 조약돌 가득 싣고
작은 나의 고무신 옆에 띄워
조약돌 하나 싣고 물결 따라
떠다니다 보면 어느새 저녁 해는
서산마루에 걸린다

해 질 녘 빈 바지게 위에 올라

서양의 붉은 노을 바라보며
집으로 오네

*홍골 : 거제시 거제면에 있는 지명 이름.

독감

매일 아침 큰 방 쪽을 향해
인기척이 있는지 살펴본다
오늘도 습관처럼 가만히 방문을 열어본다

부지런한 당신께서 오늘은
아직도 이불 속이다
얼굴이 몹시 피곤해 보인다
어디 아프냐고 묻자 말이 없다
직감으로 감기구나 생각하고
병원을 가자 하니
극구 가지 않겠다고 한다

겨우 설득하여 병원을 가니
감기 환자로 인산인해다
입원병실이 없어 중환자실로
입원 수속을 하자 당신께는
중병인 줄 알고 안색이 더욱
안 좋아 보인다

병실 문을 나오니 알 수 없는
슬픔이 가슴 한 곳에 북받쳐 오른다

당신은 얼마나 더 많이 아파야 아프다고
말하시겠습니까
당신은 얼마나 더 많이 주어야 주었다고
말하시겠습니까
당신의 그 깊은 사랑은 알 수 없습니다
당신의 육신에 걸린 독감은 이겨내지만
나의 마음속에 걸린 독감을 걸러 내지 못한
까닭은 무엇입니까
당신의 그 깊고 깊은 사랑을 알지
못한 까닭이겠지요

당신의 그 닫혀 있는 방문 앞에서
무언의 문안인사를 매일 드립니다
이제는 말하고 싶습니다
당신을 사랑한다고
정말로 사랑한다고
나의 어머니

황혼

덜커덩덜커덩 시골 버스
곤히 잠든 당신의 모습을 지금도
잊을 수가 없습니다
그때 나는 내가 살아 있는 한
당신을 영원히 지키려고
신께 명세하였습니다

정말 많은 세월이 소리 없이 흘러갔습니다
그러나 변한 것은 아무것도 없습니다
육신은 조금 늙었지만
아직도 당신을 향한 나의 마음은
변함이 없습니다

그 많은 뒤안길의 날들이
쏘아올린 화살처럼 너무나 빨리
세월이 흘러갑니다
뒤돌아보면 어느 날 어느 하루가
편안한 날이 없이 쉬지 않는
바람처럼 열심히 살았습니다
땅이 얼었다 녹았다 하면서
단단해지는 것처럼 말입니다

저녁노을이 붉은 것은 아직도
남아 있는 청춘이 그리워 붉게
타고 있는 모양입니다
이 생이 다하는 날까지 당신을
사랑 할 것입니다
노을빛이 아름다운 석양에
진한 커피 한잔을 당신께 바칩니다

만남

삼십여 년 전 시월의 어느 날 너와의
첫 만남은 설레임이었다
유리 벽 넘어 살짝 보이는
배냇저고리 속에 싸인 얼굴은
어디서 본 듯한 느낌이었다

억겁의 인연으로 시작된 만남
그것은 우리의 시작이었다
한 걸음 한 걸음 뛰어놓은
발자국은 우리 가족의
희망이요 즐거움이었다

사랑하는 아들아
한 그루의 나무가 온 산을 덮지 못하고
별 하나로 밤하늘을 채우지 못하듯이
우리의 인생은 혼자서는 살지 못하는 것이다
어두움이 짙을수록 별이 빛나듯이
세상의 어두운 곳에 등불 되어
바람에 흔들리는 나무처럼
어울려 살려무나

오늘 인생을 새롭게 출발하는
이 아름다운 날 많은 사람들이
축하를 보내고 있구나

나의 사랑하는 아들아
네가 어디서 무엇을 하든
너와 함께할 가족이 있다는 걸
생각하고 행동하여라
세상의 모든 사람에게 신의와
신뢰받은 사람이 되기 바란다
너의 앞날에 신의 은총이 가득하기 기원하면서

길

황색 신호등 불빛만 어둠 속에 졸고 있다
간간이 마주치는 차량들의 불빛뿐
손익은 길이지만 오늘은 왠지
운전이 어설프다
멀리 섬광처럼 번쩍이는
하늘 끝 밝은 빛
그 옛날 노다지 찾아
고향을 떠나는 나그네처럼
빈손에 가슴은 황금을 품고
정처 없는 먼 길 가듯
이 아침 말없이 간다
무엇이 먼 길 가도록 하였는가
선택의 자유
운명처럼 다가온 고난의 길
오늘은 진정 보내지 않고 싶구나
차장 틈새로 스며드는 시린 바람에
잠시 헝클어진 마음을 다잡는다
너의 그 넓은 가슴을 내 품에
담아두기에 너무나 크다
그래 잘 가거라
사랑한다

사랑한다
말보다는 무언의
기도가 낫겠다

딸내미

찬바람이 얼굴을 스쳐 지나간다
코트 깃을 세우고 오늘도
첫차를 타고 휑하니 떠난다

동녘 하늘은 아직도 햇살 한 점 없는
이런 아침 따듯한 밥 한술도 제대로
먹을 시간 없이
버스 정류장에서 손을 흔들며 간다

아이의 모습이 보이지 않을 때까지
멍하니 바라본다
가슴이 저며 온다
객지생활의 고단함이 어찌 없어라

하지만 내색 한번 하지 않는
심지가 대견하다
무엇을 추구하든 나는 너를
응원한다

세상 어디에 있든

무엇을 하든
너의 영원한 그림자가
되어줄 것이다

행복

아이야
아빠의 삶은 정말 행복하단다
벼슬이 높아 행복한 것이 아니다
돈이 많아 행복한 것이 아니다
좋은 직업이 있어 행복한 것이 아니다

네가 나의 딸이라는 것이 행복하다
아이야 네가 어디에 있든
무엇을 하든
아빠는 너를 믿는다

미지의 세계에 도전은 항상 불안하다
불확실한 미래
확실하지 않은 진로의 선택
도전하는 청춘이 아름답다

아이야
나는 항상 너를 위하여 기도한다
너의 선택이 옳다는 것을
너의 도전이 맞다는 것을
네가 선택한 것이기에

믿음

당신은 나의 마음의 등불입니다
갈 곳을 잃고 어둠의 밤바다를 헤매는 나에게
등대가 되어 한없는 그리움 변했습니다
젊은 날의 길고도 긴 어둠의 방랑에서
밤바다의 등대처럼 희망으로
다가온 당신

긴 세월 꺼지지 않고
언제나 따뜻한 화로가 되어
언 가슴을 녹이는 화산 같은
마음을 가지고 있습니다

말없이 지킨 우리의 보금자리
무엇이 사랑인지 말하지 않습니다
민들레 홀씨 되어 멀리 날아가
그들도 기다리지 않습니다

아직도 빛나는 아름다운
삶의 열정
눈가의 작은 주름 긴 세월
반추되어 내게로 다가옵니다

부적

괴항지* 경면주사*
알 수 없는 암호 그림
매년 정월달
두 손 정성 가득 담아
남 볼세라
살며시 건네 주는 종이 한 장
꼬깃꼬깃 접어 지갑 속에
일 년 내내 고이 간직하라고

작은 창호지 한 장이 무슨
힘이 있겠냐 마는
천 날 만날 자식 무사 안녕
기원하는 부모 마음
나의 가슴 속에 또 하나의
엄마를 품고
한해를 시작한다
계사년 새해 아침에

*괴항지 : 회화나무의 꽃으로 물을 들인 종이(회화나무는 중국에서 전해져 온 나무이며 길상목이다).
*경면주사 : 황화수은을 주성분으로 하는 천연광석 부적용으로 사용.

생일

천지신명께 비나이다
천리만리 먼 길 떠나는 손녀
무사귀환 바라는 알 수 없는
손 비빔 소리

우리 집 성주님 조상님들
우리 손녀딸
만수무강하고
하는 일마다 소원성취
바라는 무언의 기도 소리

매년 차리는 생일상 주인공 없는
빈 공간이지만
상 위의 생일 밥에
온 가족 정성이 모여 있으니
너는 참 행복한 아이구나

너를 둘러싸고 있는 우주의
천지 만물이
할머니의 기도 속에 합장하니
천군만마가 너의 것이다
그러니 어찌 기쁘지 아니한가

기원

새벽 여명이 동녘 하늘에 붉게 물든다
하루를 여는 이른 아침
세상은 고요 속에 침묵하고 평온하다
이따금 들리는 자동차 질주하는 소리뿐
주위는 조용한데 마음은 산란하다

삶의 선택 자유, 고통, 혼란의 연속
행동의 자유, 육체의 고통, 정신의 혼란
실천하지 않는 꿈은 몽상일 뿐
고뇌 없는 꿈은 이루어지지 않는다
실천하는 용기 그는 곧 희망이다

내면적 고통을 발산하지 않는
높은 정신적 자아
누구 앞에서도 당당한 사람
부족한 부분은 더해가는 자세
너의 용기에 신의 은총이
있길 기원한다

여보게

그 옛날 나와 당신 씨줄과 날줄이 만나
한 올 한 올 생을 엮은 세월
한 순간 순간이 즐거움보다는
고통과 위기의 순간이 많은 삶

앞만 보고 달리는 야생마 되어
생의 목표도 없이 하루하루
쳇바퀴 돌리는 다람쥐처럼
일상에 지친 지난 세월

불현듯 뒤돌아본 시간
고통보다는 즐거움이
실망보다는 성취감이
괴로움보다는 아름다움이

더운 여름날은 삼베옷
추운 겨울날은 명주옷으로
사랑의 둥지 만들어
세상의 빛 될 자식 있으니
여보게 이만하며 우리
좋은 생 살아오지 않았나

식구

식구란 뭔가
한 솥에 밥을 먹는 사람
한 상에 앉아
밥 한 숟가락 한 지 언제였던가
식구라 해도 항상 바쁘고
만나기 어려운 요즘 세상
식구끼리 밥상 마주한 지 오래

어릴 적 호롱불 아래
교자상*에 둘러앉아
숟가락 부딪혀 가면
허겁지겁 입가에 밥풀 묻은 줄 모르고
허기를 달래던 그때
지난 세월 생각하며
가난했던 그 시절이 그립네

세월은 흘러
내 누님 환갑이 다 됐구나
돌아오는 오일장에
고등어 한 마리 사다

묵은지에 찌개 끓여
우리 식구 불러다 저녁 한번
먹어보자

*교자상 : 명절날·축하연·회식 등 많은 사람이 함께 모여 식사를 할 때 차리는 상.

제3부

세월의 흔적

오월

사부작사부작 뒷산을 오른다
떡갈 나뭇잎이 푸른색 옷을 입고
손녀의 작은 손처럼 가지에 매달려
파란 하늘과 어울려
이따금 찾아오는
산새의 휴식처를 제공하고 있네

세상은 온통 정치인들의
부정과 부패로 언론이
하루도 조용한 날이 없건만
산은 조용하다

골짝의 개울물은 간밤에
내린 비로 제법 큰소리로
노래하며 흐르고
개구리는 흐르는 물을
거슬러 헤엄쳐 온 힘 다하고
하늘 높이 나는 솔개는
먹이 찾아 비상하네

오늘도 나는 아내와 함께

뒷산을 오른다
건강한 두 다리를 주신
부모님께 감사하며

10년의 약속

낡은 앨범 속 추억의 흑백사진
빡빡머리 단발머리 애송이 머슴아 가시내
교복은 초라하나 눈빛은 총명하네
모두가 가난해도 즐거운 학창시절

추운 겨울날 석유곤로에 어묵 국물
길거리의 호빵 하나에 호들갑을 떨던
그 시절
모두의 가슴은 천하를 호령할 기상과
오대양 육대륙을 누비는 마도로스 박

졸업하던 날 십 년 후 성공하여
다시 만나자던 그 약속 아직도 못 지켜내
험한 세상 다리 되어 같이 가자던
약속 아직도 못 지켜내
우리들의 젊은 시절은 더없이 가고

아직도 오대양을 누비며 어느 항구의
선술집에서 옛 향수에 젖어 슬픈 색소폰 소리에
술잔을 기울이며 지나간 젊은 날을 회상하는가

여보게 친구여 아직도 우리의 인생은 끝나지 않았네
세상 어디에 있든 그 약속 지키는 날까지
건강하시게

그리움

세월 속에 그리운 사람
바람결에 흘러간 사람
구름 속에 가려진 사람
그 사람이 보고 싶다

꿈길에 그려본 얼굴
허공에 그려본 얼굴
마음속에 간직한 얼굴
그 얼굴이 그리워진다

애틋한 그리움으로
가슴에 남아 있는
아련한 추억의 한 토막
에메랄드빛 하늘에
당신의 얼굴을 그려본다

길에서 만난 사람들

뭇사람들이 아무 표정 없이
종종걸음으로 한길을 향해 걸어간다
도시는 차량의 굉음소리
바람에 날리는 쓰레기
회색빛 건물의 그림자가
깊게 드리우고 신호등은
시간에 맞추어 꺼지다 켜지고
행인들은 각자의 갈 길을 간다

희망이 없는 도시 일상의 지친 모습
나도 그들과 나란히 걷는다
이 도시를 떠나고 싶다
갈대밭에 바람이 스쳐 가는 소리가 있는 곳
풍경소리 새소리가 있는 곳
마음의 안식처가 되는 곳
그곳으로 가고 싶다

모두는 도시의 이 길 위에서
떨어진 낙엽이 발에 밟혀
아무 흔적 없이 사라져 가는
잊힌 또 하나의 인연일지 모르겠다

꿈

맛있는 과일 하나를 얻기까지는
농부의 수백 번의 손질과 정성으로
이뤄진 결과다

한 인간이 말하기와 걷기는
엄마의 수만 번의 반복된
노력과 사랑의 밑거름이 있었다

꿈 누구나 이룰 수는 있지만
아무나 이룰 수는 없다
자아의 성찰 내면의 고통
나누어 가질 수 없는 고난의 연속

높은 위상位相은 누구나 가질 수 있다
그러나 아무나 도달하지 못한다
부단한 노력 남과 어우러져
함께할 때 어느새 높은 자리에
와 있다
꿈을 잃지 않고
끝없이 노력하는 자만이
꿈을 이룬다

날개

한쪽 날개를 잃어버린 지
언제인지 기억조차 없네
두 날개가 있을 때는 고달픈 삶도
즐겁게 푸른 하늘을 날았건만
이제는 한쪽 날개뿐

한쪽 날개를 대신할
세 개의 날개가 있다
한 날개는 잃어버린 날개를
대신하려고 나의 곁에 있지만
잃어버린 날개만 못하네

두 개의 작은 날개는 나를 저 밖 세상을
오라 손짓하지만 갈 수가 없네
멀지 않는 날 나 가리다
잃어버린 한쪽 날개를 찾아

나에게 묻는다

행복하십니까
나에게 묻는다
행복했습니까
나에게 묻는다
행복했던 적이 있습니까
나에게 묻는다

어느 한순간이 행복이라
말할 수 없으나
보이지 않는 꿈을 좇아
행복이라는 한없는 그리움만
상상하며 끝없이 앞으로 앞으로

행복은 지금 이 순간 사치스런
행동일 뿐이라 생각하고 살았다
먼 훗날 행복해질 거라고 하는
어리석은 생각에

오늘 이 순간은 다시는 내 인생에 없는
소중한 시각인 줄 알면서
이 순간부터

오늘이 마지막 날인 것처럼
사랑하며
노래하며
춤추며
사랑하는 사람을 사랑한다고
말하며 살자

남국南國

코코넛 잎사귀에 묻은 빗방울
수평선 너머 하얀 뭉게구름
에메랄드빛 바다 위 쪽배
더없이 맑게 갠 푸른 하늘

서녘 바다 끝 붉은 노을
한낮에 타다 남은 그리움인가
일상의 고단함을 애써 던지고
미지의 세계를 찾아 떠난 여행

코끝에 닿는 바람
발끝에 닿는 풀잎
문명의 파도가 비껴간 자리
무엇이 바빠서 그렇게
발을 동동 굴리며 살았는가

망고의 단 내음 시원한 한잔 술
밤하늘에 쏟아지는 은하수에
마음을 빼앗기고
세상사 시련을 잊어보네

도토리

토닥토닥 우두둑
다람쥐 부르는 소리
발굽에 툭툭 갈라져
산토끼 부르고
도르륵 도르륵 굴려
바위틈 꽃 피우네

허리 굽은 할머니
서울 간 손녀 생각에
허리 펼 줄 모르고
앞치마 가득 주워 미소 짓네

싸각싸각 맷돌 흰 눈물
부뚜막 숯가마 수정 물방울
주걱 노 젓는 소리
하얀 김 하늘 오르면
삼베옷 입고 몸매 단장하네

독거노인

달랑 숟가락 하나
종지 속 곰삭은 김치와 찬밥 한 그릇
천장에 매달린 꼬마전구
깨진 유리창 너머 짧은 햇살
차가운 방바닥 이불 한 장

허리 굽은 할머니
세월의 흔적 속 굵은 주름살
하루 종일 인적 없는
골목길 입구만
하염없이 바라본다

이따금 들려오는
개 짖는 소리뿐
한겨울의 찬바람이
뼛속까지 여미는 추위
연탄 한 장의 온기로
이 겨울을 보내기 힘이 든다

해 질 녘 달동네 가로등
희미한 불빛 아래

소리 없이 내리는
싸락눈은 가난한 자의
마음을 더욱 춥게 하네

들국화

아버지 산소 가는 길
외로이 홀로 피어
오고 가는 사람 반기네
아홉 번 꺾여도 살아서
꽃을 피우는 생명력을
가진 구절초

어찌 꺾이지 않고
살아가는 생이 있으랴
꺾여도 부서지지 않고
휘어 제자리로 돌아오는
대나무처럼

삶의 여유를 갖고
누구로부터 상처받지 아니하고
유유자적 관조하며
이 가을꽃보다
아름다운 단풍이나 만나보세

무제

해 질 녘 한잔 술에
하루의 피곤함을
달래고 집을 향하는
그 길가 빛바랜
외로운 포장마차

인생은 혼자라고
그 누가 말했던가
그리운 그 친구들
우리가 뛰어놀던
뒷동산 잔디밭에

친구는 간곳없고
염소만 한가롭게
뛰놀고 있는구나
노을빛 아름다운
석양만 처량하네

만추

여름의 불타는 정열
아쉬움만 남기고
이루지 못한 꿈
노을빛에 묻힌다

붙잡고 싶은 시간
텅 빈 공간의 아쉬움
외줄기 바람 풀잎에 스쳐
허공에 흩어진다

두 어깨의 무거움 짐
나누어 가질 수 없는
슬픈 현실 들녘의 야생화
너는 아는지 묻고 싶구나

긴 여정의 파노라마
부딪혀 깨어지는
물보라 되어
형체를 알 수 없는
구름 되어 하늘 높이
날아가네

만추〈2〉

라디오 음악 소리
깊어가는 가을을 노래한다
그리운 이가 더욱 그리운 이 계절
보고 싶은 마음 가득 담고
달려간 만추의 산

신록은 간곳없고 마지막 잎새만
애써 제 한 몸 지탱하기 힘들게
버티고 있다
신발에 와 닿는 낙엽소리만
처량하다

지난날의 그 젊은 정열도
누군가를 기다리는 애틋함도
가슴속 깊이 간직한 채
저물어가는 이 가을바람에
날려 보냈다

이 계절이 가기 전 사랑하는
사람에게 사랑한다는
말을 전하고 싶다

바라나시*

우주 공간의 이름 없는 수많은 별들이
자전의 원칙에 따라 제 갈 길 가듯
수많은 차량과 릭샤* 사람 짐승들이
거리를 메우고 온갖 소음을 내며
어지럽게 엉겨서 무질서하게 돌아간다
하지만 이 속에 원칙은 있나 보다

아무도 불만이 없다
사람은 사람대로
짐승은 짐승대로
평온하다

갠지스의 황톳빛 강물은
수천 년을 소리 없이 흘러
인간의 나약함을 보듬어
신의 성수로 순례객의 육신을
닦아 마음을 정화하고
죽은 자의 영혼을 달래
내세를 인도한다

여명의 강물 위에 이름 모를

새들이 비상한다
신의 땅 이곳 삶에 지친 육신을
내려놓고 그들과 동화되어
문명 세상을 잊고 싶네

*바라나시 : 인도 우타르프라데시주州에 있는 도시.
*릭샤 : 동남아시아에서 주로 인력을 이용하는 교통수단.

삼십 년의 인연

어느 겨울
억겁의 인연으로 만나
한 장 한 장 넘긴 세월
일만구백오십일

모진 추위 속
인고의 아픔을
아지랑이 아롱이는
봄날의 희망으로

한여름의 강렬한
뙤약볕에 생명을
불태우며
알알이 영근
풍성한 가을

긴 세월 아무 말 없이
나와 같이한 세월
몸짓 손짓 하나로
대화할 수 있는 사람

추운 겨울 외투 하나라도
함께 몸을 데울 수 있는 사람
그런 사람이 내 곁이 있어
나는 참 좋습니다

세상

담장 아래 외롭게 선 나무
모진 비바람과 가뭄에도
잘도 자라더니 담쟁이 작은 손에
손발이 묶였네

세상을 향하여 소리치지만
아무도 듣는 이 없다
지나가는 저 사람아
나의 손발 풀어주소
하소연 하였건만
모두 다 고개만 절레하고

멀리선 고목나무 힘이 없어
형제 불러 모아 저 나무 살리라
외쳐 보지만 먼 산 메아리뿐
아무도 힘이 없네

숲 속에 다른 나무들
바람 따라 흔들릴 때
같이 흔들리고 풀처럼
부드럽게 물처럼 유연하게

낮은 곳을 보는 혜안을 가지라고
말하였지만 여러 손에
세상을 잃어가네

소주

해거름 뉘엿뉘엿 해 질 무렵
출출한 배 달래려 소주 한 잔 생각에
지인 몇 명 호출한다
행여 연락 올까 기다렸다는 듯
눈썹을 휘날리며 달려온 주당들

한잔 술에 허기를 달래고
두 잔 술에 인생을 논하고
석 잔 술에 예술을 논하고
풍류에 젖네
병 수가 늘어나면 내 앞 친구가
누군지 가물가물

집으로 돌아오는 골목길
가로 등불과 서산에 기운
초승달 구분하기 어려워
한쪽 눈 아스라이 감고
애써 초점을 맞춘다

서민의 피곤한 하루가

휘청거리는 아랫도리와 함께
희미한 기억 속의 집으로
향하네

민들레

발이 빠지지 않아 도망을
가지 못한 슬픈 사연 간직한 채
오늘도 하늘만 우러러보면
앉은뱅이 되어
홀씨만 바람에 날려 보내네

민들레 홀씨 되어
바람에 날려 보낸
씨앗 언제나 찾아오나
먼 산 바라보며 한숨짓네

이 몸 영혼이라도 자유롭게
바람 따라 구름 따라
하늘 높이 날아
사람 사는 세상 보고 싶구나

어디에 있는지
어디에 사는지
보고 싶은 얼굴
그리운 마음
그 누가 알까

제4부

인생의 뒤안길

수덕사

한여름 낙숫물 소리
졸던 노스님 잠 깨우고
천년 미소와 속살을 드러낸
대웅전은 맨살을 드러낸 여인의
미소보다 더 아름답다

소낙비에 노송과 느티나무는
푸르름을 더하고
삼층석탑의 이끼는 미소를 보내고
담쟁이 잎으로 옷 입은 극락암極樂岩은
날아갈 듯 가벼이 춤을 춘다

덕숭산 허리 물안개가
폭포수를 이루고
산사의 낙숫물 소리
매미 소리
음악 소리 화합하여 자연의 오케스트라를
연주하네

비 개기를 기다리는
나그네 자리를 뜰 줄 모른다

가을

풀잎 끝에 맺힌 아침이슬
동녘 햇살에 살며시 스러지면
마구간의 소 뽀얀 입김을 품어내며
아침을 연다

낡은 고무신 발에 걸치고
뒷간 소여물 솥에 마른 고구마 줄기
콩깍지를 가득 부어
장작에 불을 붙이고

아낙은 안채 도장에 보리쌀
한 바가지 담아 마당 앞 우물가에
쪼그리고 앉아 밥쌀 준비하고
새벽을 알리던 닭들은
널린 벼 낟알 줍기 바쁘다

장독간 울타리 감나무에 매달린
붉은 홍시는 올겨울 찾아올
손주 여식 몫으로 늦가을 볕에
익어가네

여정

정상이 어디냐고 묻지 마소
한발 한발 가다 보면
그곳에 정상이 있겠지

인생의 종점이 언제냐고 묻지 마소
알면 재미없지
사랑이 뭔지 묻지 마소
사랑은 둘이 있을 때 재미없고
멀어지면 보고 싶은 것

삶이 뭔지 묻지 마소
희로애락 없는 삶은
무의미한 것
정상을 향하여 가는 것
굴곡 많은 여정인 것을
인생은 내릴 수 없는
기차 여행인가

욕망

왠지 가슴 한곳의 허전함
비 오는 날의 쓸쓸함
너무나 작은 인간의 초라함
먹구름과 천둥 바람 소리
자연의 위대한 천상의 소리

한 치 앞을 볼 수 없는
미래에 대한 불안
욕망의 구릉 속에
자신의 욕심을 불태우고
허공에 그린 꿈

아직도 타다 남은 열정
누구를 기다리는 그리움
넘을 수 없는 현실의 벽
조용해지는 바람 소리 따라
산란한 심기 잠재우네

운명

하늘에서 떨어지는
빗방울도
떨어지는 장소에 따라
천태만상으로 변한다

땅바닥에 떨어진 놈
유리창에 떨어진 놈
세면 바닥에 떨어진 놈
나뭇잎에 떨어진 놈
꽃잎에 떨어진 놈

사람도 태어나는 것은
똑같다
그러나 어디서 누구로부터
태어나는 순간에 따라서
삶이 결정된다

선천적 운명의 결정
자아와 관계없이
출생으로부터
운명이 결정된다면
이는 나의 잘못인가

유산

계룡산 기슭 넓은 들판
조상 대대로 뼈를 묻은 곳
주산을 중심으로 좌는 증조부
우로는 고조부 수정봉에는 할아버지
중뫼는 큰아버지
동산에는 중부님 아버지 작은아버지
조상님들이 동네를 중심으로 사방에
모셔졌다

한 번도 동네를 떠난 적이 없는 사촌들
잘난 사람도 못난 사람도 없는 우리 사촌
명절날이면 큰집에 모여 차례를 지내고
각자 집에서 아버지 차례를 지내고
할아버지 산소에 모인다

조상님의 산소가 우리 형제들의 유일한
유산이다
어느 집인들 산소가 없겠냐 마는
우리 형제들처럼 유별난 집은 없다
올해도 어김없이 모여 잔술로
고달픈 인생사 이야기하며
한해를 맞이한다

인생살이

바람 따라 구름 따라
정처 없이 떠도는 인생
작은 바람에 흔들리며
세월을 벗 삼아
흘러가는 물처럼
유유자적 살자고
마음먹어 보지만

세상은 나를 그냥 두지 않는구나
삶의 무게만큼
마음 한구석 작은 욕심
현실 앞에 무너지는
나약한 결심

진흙탕 속 이전투구
무엇이 실상이고
무엇이 허상인가
저 산 너머 파랑새 찾아
떠나려고 발버둥 쳐보지만
무릎까지 빠져 갈 곳을 잃었네

일탈

나 떠나련다
모든 시련 다 잊고
일엽편주에 술과 안주
가득 싣고 정처 없이

수평선 너머 저 멀리
이름 모를 섬 찾아
갈매기 떼 벗 삼아
노래하며 한잔 술에
취하고 싶네

맑고 깊은 에메랄드빛
바닷속 욕심 없는
물고기 친구 되어
알몸으로 헤엄치며

풀잎으로 이엉 엮어
초가삼간 집을 짓고
풀벌레 울음소리
자장가 삼아
그곳에 살고 싶네

장날

터줏대감 국밥 할매
마당에 하얀 천막
하늘 높이 날고
땜장이 할배
풍로 돌려 숯불 달구고
처제 매제 아범 추녀 끝에
자리 잡고

맞은편 풍각쟁이 두 손 두 발
장단 맞춰 풍악이 울려 퍼지며
장날 기다린 어른 아이 할 것 없이
국밥 한 그릇 막걸리 한잔에
서로가 즐겁네

책

불꽃 같은 격동의 시대
나의 머리
나의 가슴
나의 입술을
같이한 너와
이별을 고한다

나의 가슴이
너무 작아
이십 년 후
너와 다시 이별하면
노을빛 아름다운
석양에 너와
지난날 이야기함세

처음

기억 너머 아련한 추억 속의
낡은 그림처럼
하나하나 얇은 막을 벗고
나타난다

그 옛날 마음속 평온의
고향처럼
앙상한 겨울나뭇가지에
물이 올라 생명의 잎을
피우듯

잊힌 어린 시절
아름다운 추억 속의 사람
운명의 엇갈림은
알 수 없는
큰 힘의 작용인가

맺지 못할 인연
숱한 세월 마음속
한 가닥 질긴 인연

타국

보고픈 마음에 한달음에 이억 만리
달려가 짧은 만남
아쉬움만 남기고 긴 이별
타국의 고난이 없겠냐 마는
얼굴이 밝아 마음이 놓인다
워싱턴의 경치보다는 너의 얼굴이
반추되어 여행의 즐거움에
앞서 마음이 어리다

뉴욕만 자유의 여신상
나이아가라의 폭포수 물안개에
너의 얼굴이 그려지는
이유를 알 수 없구나

롱아일랜드의 푸른 바다와
대서양의 수평선은
미지의 세계에 희망을 품고
고향을 떠나온
개척자들의 비정함이
서려 있네

친구

바람 소리 외로운 산막에
술 한 병 들고
찾는 이 그 누군가
이름조차 기억 없는 아련한
추억 속의 그대인가

산새 소리 안주 삼아
한잔 한잔 들고나니
그대 이름 생각나네
이마에 패인 주인 주름
온갖 풍상 말해 주네

세상에 본시 내 것이 없는 것
욕심내어 헤맨들 무엇 할까
내 손에 없는 것을
한잔 술에 모든 탐욕
날리고 너털웃음 한번
웃어보세

지천명의 나이
무엇이 두렵다 할 것인가

바람결에 흔들리는 풀잎처럼
물결에 떠다니는 낙엽처럼
유유자적 살아보세

폐지

굵은 손마디 할퀴고 닳은 손바닥
깊게 패인 주름살
휜 허리는 험한 세상 살아온
세월의 훈장인가

백발의 머리를 휘날리며
외발 수레에 폐지 가득 싣고
질주한 차량 속 위험한 곡예 운전
힘겨운 오르막을 오른다

길가 가장자리 수레를 세우고
바람결에 뒹구는 소주병 하나 주워
호주머니 속에 감추고 말없이
허공을 바라본다

한 장 한 장 주워 모은 폐지 상자
오늘도 몇 푼의 지폐를 받을지
알 수 없고
빈 쌀독 생각에 한숨만
내뱉는다

한 번은 가야 할 길

한 번은 가야 한다
우리는 태어나면서 정해진 길을
가야 한다
부자도 가난한 자도
한 번은 가야 한다
건강한 사람도
약한 사람도 가야 한다
도시 사람도 시골 사람도
한 번은 가야 한다
가는 길은 부자도 가난한 자도
똑같다

할미꽃

민얼굴 수줍은 얇은 미소
거친 숨소리 작은 기지개
파란색 아래위 예쁜 옷단장 하고
아침이슬 영롱한 진주목걸이
올겨울 백년 추위 견딘 작은 거인
뭐가 부끄러워 살며시
고개 숙인 예쁜 미소
봄소식 전령사인가

할미꽃〈2〉

몇 년 전 어느 산기슭에 자라던
할미꽃 한 송이 창가 작은 흙살에
옮겨 심었더니 해마다 하얀 속살을 내민다

올해도 그 극심한 추위와 싸워
온전히 제 한 몸 보전하여
여김 없이 민낯으로
동박새 소리와 함께 봄을 연다

생명의 위대함 원초적 본능
풀뿌리에 피어나는
가냘픈 한 송이의 꽃
자연의 섭리와 경이로움에
놀라움을 금치 못한다

우리는 간혹 길가의 작은 풀씨 하나
발길에 밟히는 이름 없는
들꽃의 생명력을 아는지
모를 일이다

빛바랜 화랑무공훈장

매년 6월이며 호국보훈의 달이라 하여 신문 지상이나 언론매체에서 나라를 위하여 목숨을 바친 국가유공자와 특히 6.25 참전용사들의 명복을 비는 행사가 이루어진다. 그분들이 없었다면 오늘날 우리의 조국이 없었을 것이다. 요즘 많은 젊은이들은 60년 전의 한국동란을 기억하지 못한다고 한다. 불가 우리 아버지들의 시대인데도 오늘 대한민국의 번영은 이분들의 국가에 대한 희생과 봉사가 없었다면 없었을 것이다. 매년 6월이 되면 나는 돌아가신 아버지에 대한 그리움이 더욱 많다. 아버지는 6.25 참전용사로 전쟁 중에 총상을 입고 의가사 제대를 하였다고 알고 있다. 살아생전 술을 한잔 드신 날에는 밤새 전쟁의 악몽에 시달리는 꿈을 꾸는 소리에 온 식구가 잠을 설치는 날이 많았다. 아버지께서는 장남인 나에게는 어릴 때부터 종종 전쟁 이야기를 해 주셨다. 6.25전쟁이 한창 중이 1950년 9월에 모병으로 입대하여 3일간 M1 소총 분해조립만 교육을 받고 일선 전투에 참여하여 진주에서 남강을 따라 북진하여 개성을 통하여 신의주까지 일사천리로 진군했다고 한다. 전쟁이 곧 끝날 것 같은 것으로 생각하였다고 한다. 하지만 중공군의 개입으로 1.4 후퇴가 되었고 강원도 양구까지 밀리는 상황에 수차례 전투를 치르고 죽을 고비를 수없이 겪었다고 한다. 그리고 한해가 지나 1951년 중부전선의 벤지볼 전투에서 아군과 중공군의 치열한 전투가 전개되면서 많은 사상자가 발생하였고 지루한 전쟁은 끝날 기미가 없었다고 한다. 아버지는 기골이 장대하고 힘이 센 덕에 항상 다른 사람보다 앞장서는 자동소총 사수였다고 한다. 전투에 승리하였을 때는 현장에서 유공자에게 훈장을 수여하였다고 한다. 나도 어릴 때 아버지의 훈장을 자랑스럽게 가슴에 달고 마을 돌아다닌 생각이 난다. 하지만 아버지는 양구전투에서 총상을 입고 밀양으로 후송되어 치료를 하다 제대를 하였다고 한다. 하지만 아버지께서는 평생을 살면서 국가유공자 대우를 받은 적은 없다. 제대 이후 유공자로 인정되어 밀가루 몇 봉은 받았으나 이도 받을 필요가 없다고 하여 면사무소에 가서 명단을 지워달라고 하였다고 한다. 아버지는 평생을 농업을 천직으로 삼고 농사만 짓다 1991년 7월의 어느 날 하늘나라로 가셨다. 아버지가 돌아가신 이후 나는 한동안 전쟁과 국가유공자는 까맣게 잊고 지내다 그러다 태극기 휘날리며라는 영화를 보고 아버지와 전쟁 그리고 무공훈장 혹시 아버지도 무공훈장이 있지 않을까? 생각하고 아버지 훈장을 찾아보자 하는 생각으로 보훈처와 국방부 홈페이지에 접속하였다. 하지만 허사였다. 군번을 알아야 한다고 한다. 아버지 군번 알 길이 없었다. 주민등록번호만 알면 알 수 있느냐고 몇 번이고 문의하였지만 알 수 없단다. 포기할 즈음에 술 한잔 하면서 친구에게 아버지 이야기를 하니 자기가 국방부에 잘 아는 친구가 있는데 인사 관계 특히 무공훈장 업

무를 맡고 있는 사람이라고 한다. 이번에도 허사겠지 생각하고 아버지 주민등록 번호를 메일로 보냈더니 아버지 군번과 아버지가 화랑무공훈장 수여자로 되어 있는데 아직까지 수여하지 못하고 있다고 하였다. 참으로 우리나라가 맞나 대한민국이 우리 아버지와 그때 그 수많은 우리 아버지들이 목숨 바쳐 지켜온 이 나라가 주소 하나만 검색하면 되는 수여자를 60년이 지난 지금까지도 무공훈장을 받지 못하고 있다는 사실에 평생을 공무원을 하고 있는 나 자신이 부끄럽게 여겨진다. 정말로 어이가 없다. 세계에서 가장 아이티가 발달한 나라 세계 11위의 교역을 자랑하는 나라 G20 안에 속하는 나라, 이 나라가 우리나라인데 불과 1세기 전에 일도 아닌데 이리하여도 되나 하는 생각에 한동안 다른 일을 할 수가 없었다. 훈장수여는 분기마다 지역 사단에서 수여한다고 하였다. 수여식에 참석할 수 있는 사람은 수여식에 참여하고 할 수 없는 사람은 집으로 보내준다고 하였다. 나는 시간관계상 집으로 보내달라고 하여 훈장이 집에 도착하였다. 정말로 오랜 시간 주인 없이 보관된 훈장, 훈장을 받는 날 아버지 산소 앞에 화랑무공훈장과 한 잔 술로 아버지에게 신고하였다. 빛바랜 훈장은 주인을 잃은 채 장롱 속에 잠자고 있다.

해설

생활 속의 이야기를 쉽게 풀어내다

윤 일 광

(시인, 거제시문화예술창작촌장)

1

김일홍 시인에게는 바다가 어머니요 고향이요 삶의 터전이다. 40여 년을 공직에 몸을 담은 곳도 바다가 있는 거제였다. 바다는 시인의 가슴을 뜨거움에 떨게 했다. 시인은 자서(自序)에서 이렇게 말하고 있다.

> 아련한 추억 속의 어린 시절 철모르고 시작한 공직생활 어언 40년을 뒤돌아보면 너무도 먼 길 하루도 쉼 없이 달려온 날들, 어느 한날 걱정 없이 지내온 날은 없었건만 돌이

켜 보면 즐거움과 보람된 날도 많았다.

공직생활 대부분을 어촌의 어민들과 살을 부대끼며 거친 바다가 민원의 현장이었다.

40여 년의 공직생활, 그게 어디 쉽게 살아온 삶이겠는가? 끊임없이 부족한 자신을 채우며, 스스로 이해하고 용서하며, 이해시키고 온갖 난관을 극복해 가는 과정 그 자체가 아니겠는가? 어느 한날 걱정 없이 지내온 날이 없건만 돌이켜 보면 즐거움과 보람을 갖는 것은 김일홍 시인이 움켜쥔 시(詩)의 세계가 그를 힘들게 했을 때마다 마음을 달래준 애인이요, 친구였을 것이다. 시는 세상을 보는 눈이다. 김 시인은 시를 쓰면서 세상을 새로운 눈으로 바라보게 된다.

그들의 애환을 누구보다 잘 알기에 고달픈 어민들의 생활사를 글로 표현하기 위해 노력하였지만 짧은 글 실력으로는 한계가 있었다.

시는 멀리 있는 것이 아니라 일상 속에 있다. 시는 삶과 일상의 일탈에서 오는 자아의 재인식이며 삶 속으로의 여행이다. 김 시인이 시를 통해 나타내고자 했던 것은 거친 바다를 생업으로 살아가는 고달픈 어민들의 삶이었다.

발동선 스피커에서 귀에 익은
유행가 가락이 울려퍼진다
바다는 고요 속에 침묵하고

너울 부딪치는 소리가 잔잔하다

—「태풍」 첫 부분

시집 『쉬지 않는 바람처럼』은 이렇게 시작된다. 시적 화자가 지향하는 세계는 바로 이런 평화로운 어촌의 풍경이다. 마치 한 폭의 그림 같은 세계다. 어쩌면 시인은 끊으려야 끊을 수 없는 바다와 인연이 되어 바다 사나이로서의 멋과 맛을 일찍부터 익혔을 것이다. 더구나 거제는 천혜의 아름다운 자연환경과 풍란의 그윽한 향기로 시심을 가꾸기에 더없이 좋은 환경이지 않은가.

그러나 우리의 삶이 기대와는 다르게 시련과 아픔이 예고 없이 찾아오듯 시인이 바라는 평화로운 마을에도 어김없이 시련은 닥치게 된다.

검은 구름이 하늘 가운데로 모이고
하늘이 내려앉는 듯 먹구름과 바다의 구분이 없다
점차 바다는 춤을 추고
파도는 미친 듯이 용트림을 한다
바람의 울음소리와 파도의 용트림이
순식간에 통구미를 삼키고
마을을 삼키며 미쳐 운다

—「태풍」 중간 부분

시인은 '태풍'이라는 시적 언어를 사용하지 않고 있지만, 시는 숨 막힐 듯 긴장감이 흐르면서 독자로 하여금 호흡을 가쁘게

만든다. 때때로 어쩔 수 없이 찾아오는 삶의 모습은 순리와의 배반과 대비의 의미망을 만들면서 독자를 긴장하게 한다. 태풍이 휘몰아치고 간 뒤 허망한 어민들의 애환은 눈물겹도록 애처롭다.

> 늙은 어부와 아낙은 파도가
> 삼키고 간 통구미를 찾으며
> 멍하니 바다만 바라보고 서 있다
>
> –「태풍」 마지막 부분

시는 시인이 갖는 체험의 특수성과 세상 사람들이 누구나 경험할 수 있는 보편성 사이의 긴장에서 시적 의미를 획득한다. 거기에 독자는 자신의 체험을 대입시키면서 보편성의 폭은 넓어지고 따라서 시적 공간은 확대된다. 시 「태풍」은 어촌의 풍경을 묘사했지만, 우리의 삶을 진솔한 시인의 목소리로 그대로 보여주고 있다.

시인이 사랑한 바다는 환상의 바다가 아니라 현실의 바다다. 시인이 목 놓아 외치고 있는 것은 살기 어려워진 어촌의 현실이다.

> 인생 여정의 끝자락에 촌로의 얼굴에
> 깊이 새긴 주름 속에
> 겨울은 더욱 처량하다
>
> –「바다」 1연 마지막 부분

비는 추적추적 소리 없이 내리고
선창의 어선은 주인을 잃은 채
힘없는 로프에 의지하고
갈매기 놀이터 된 지 오래
주막의 아낙 하염없이
먼 수평선만 바라본다

(중략)

배를 잃은 어부들이 한둘 주막으로
모여들고 주전자가 토하는 막걸리
막사발에 가득 따라 몇 순배 돌며
그물에 시달린 투박한 손으로
담배 한 대 입에 물고 신세타령

주모와 어부는 세상사 원망하며
처량한 유행가 가락 나무젓가락 장단에
목 놓아 슬피 우네

—「선창」

우리는 왜 시를 쓰는가?

시와 삶은 하나기 때문이다. 시를 쓰려고 하는 의지는 '언어와의 싸움'을 통해 자신과 세계를 규명하려는 작업이다. 언어란 인간과 세계를 연결해주는 고리다. 지금 시인은 자신의 힘으로 살기 딱한 현실을 부유하게는 할 수 없지만, 실의에 빠진

촌로와 어부와 주모의 한(恨)을 시로서 위무하면서 희망을 노래한다.

> 봄이 얼마 남지 않았는데
> 이 겨울 없는 이를 더욱 슬프게 한다
> 조금만 기다리자
> 저 멀리서 봄바람이 불어올 테니까
>
> ―「바람」 마지막 부분

2

김일홍 시인은 자서(自序)에서 또 이렇게 말하고 있다.

> (나의 시는) 어민의 애환과 나의 삶, 나의 가족들의 이야기를 있는 그대로 표현하려고 노력하였으며, 앞으로 나의 남은 삶을 시와 함께할 수 있는 마중물을 삼아 좀 더 노력하고 겸손한 마음으로 글쓰기에 정진하리라고 다짐해본다.

가족이라는 이름으로 맺어진 인연은 소중하다. 부부는 칠천 겁, 부모와 자식은 팔천 겁, 형제의 인연은 구천 겁이라 한다. 1겁(劫)이라 함은 사방 1유순(가로·세로·높이 각 약8km)의 성(城)안에 세상에서 가장 작은 씨앗인 겨자씨를 가득 채워 놓고, 100년에 한 알씩 덜어내어 다 없어지는 시간을 이름이니 가족의 인연이란 실로 계산할 수 없는 관계가 된다.

'아버지'는 우리들에게 어떤 존재인가?

어느 날 아버지는 어린 아들과 길을 가다가 다리를 건너게 되었다. 아버지는 어린 아들에게 손을 내밀며 "얘야, 여기서부터는 아버지의 손을 꼭 잡아라" 하고 말했다. 그러자 어린 아들이 "아빠가 내 손을 잡아주세요"라고 말했다. 아버지가 "그래? 그렇지만 내가 네 손을 잡는 것과 네가 내 손을 잡는 것이 뭐가 다르니?" 하고 묻자 어린 아들이 대답한다. "그건, 아주 달라요. 내가 아빠 손을 잡으면, 미끄러져 잘못되었을 때, 나도 모르게 아빠 손을 놓을지도 몰라요. 그러나 아빠가 내 손을 잡는다면, 어떤 일이 일어나더라도 아빠는 내 손을 놓지 않을 거예요. 절대로. 그러니 아빠가 내 손을 잡아주어야 해요" 그게 우리들의 아버지다.

시인은 아버지에 대하여 이렇게 기억하고 있다.

갈라진 마른 땅에 물들어가는 소리
우리 새끼 목구멍에 밥 넘어가는 소리가
제일 좋다던 당신
신발이라곤 장화와 고무신이 전부인 당신
평생을 가죽구두 한번 신어본 적이 없는
울 아부지

―「아버지의 논」 첫 부분

거름 바지게 진 아버지 따라
꼬불꼬불 고랑 돌아 돌다리 건너
홍골 다랑논 가는 길

—「아버지」 첫 부분

김 시인이 우리에게 들려주는 것은 어쩌면 한 개인의 지나간 삶에 대한 회한일지도 모른다. 그러나 시인의 그런 사소한 개인적인 정서를 자신만의 언어로 팽팽히 조이고 응축시켜 하나의 이미지를 만들어냈다. '갈라진 마른 땅에 물들어가는 소리/ 우리 새끼 목구멍에 밥 넘어가는 소리가/ 제일 좋다던 당신' 그 한마디 속에 아버지라는 존재의 위대함이 물씬 묻어난다.

어릴 적 아버지 따라 거름 바지게를 쥐고 가는 시인의 땀 냄새가 풍기는 시어와 다랑논이 있는 풍경이 함께 어우러지며 시를 읽는 맛을 즐겁게 만든다.

아무 조건 없이 순수하게 자신이 지닌 것들을 내어주며 한없이 베푸는 것이 부모다. 그런 아버지의 위대함을 시인은 시 속에 융해시켜 놓았다. 아버지께서 독감에 걸려 병원에 들렀을 때 시인이 읊는 독백은 읽는 이로 하여금 가슴 짠한 애잔함을 느끼게 한다.

당신은 얼마나 더 많이 아파야 아프다고
말하시겠습니까
당신은 얼마나 더 많이 주어야 주었다고
말하시겠습니까
당신의 그 깊은 사랑은 알 수 없습니다

—「독감」 중간 부분

김 시인은 아들과 딸에 대한 사랑 또한 지극하다.

사랑하는 아들아
한 그루의 나무가 온 산을 덮지 못하고
별 하나로 밤하늘을 채우지 못하듯이
우리의 인생은 혼자서는 살지 못하는 것이다
어두움이 짙을수록 별이 빛나듯이
세상의 어두운 곳에 등불 되어
바람에 흔들리는 나무처럼
어울려 살려무나

—「만남」 가운데 부분

아이야
아빠의 삶은 정말 행복하단다
벼슬이 높아 행복한 것이 아니다
돈이 많아 행복한 것이 아니다
좋은 직업이 있어 행복한 것이 아니다

네가 나의 딸이라는 것이 행복하다

—「행복」 첫 부분

부모는 자식을 바라만 보아도 행복하다. 시인의 아버지가 '그 깊은 알 수 없는 사랑'이듯이 김 시인이 자식들에게 주고자 하는 사랑도 그 깊이를 알 수 없다. 지금 시인은 일상의 모습에서 시적 모티브를 찾아 순수한 감정으로 삶을 노래하고 있다. 어쩌면 가장 진부하기 쉬운 가족이라는 보편적 소재를 진한 사랑의 노래로 여운을 남긴다. 가족이라는 이름의 시는 아내에 이르러 사랑의 마침표를 찍게 된다.

당신은 나의 마음의 등불입니다
갈 곳을 잃고 어둠의 밤바다를 헤매는 나에게
등대가 되어 한없는 그리움 변했습니다
젊은 날의 길고도 긴 어둠의 방랑에서
밤바다의 등대처럼 희망으로
다가온 당신

—「믿음」 첫 부분

그 옛날 나와 당신 씨줄과 날줄이 만나
한 올 한 올 생을 엮은 세월

(중략)

더운 여름날은 삼베옷
추운 겨울날은 명주옷으로
사랑의 둥지 만들어
세상의 빛 될 자식 있으니
여보게 이만하며 우리
좋은 생 살아오지 않았나

—「여보게」

사람들은 이르기를 아내를 존중하고 아끼는 남편을 자상한

남편이라고 하고, 남편을 존중하고 위해주는 아내를 현명한 아내라 한다. 가정은 부부가 한마음 한뜻으로 만드는 따스한 보금자리다. 김 시인이 아내에게 던지는 한마디 '여보게 이만하며 우리/ 좋은 생 살아오지 않았나'라는 지극히 단순한 일상적인 언어로 행복을 은유적으로 표현하고 있다.

시인이 이 시에서 우리에게 말하려고 하는 것은 어쩌면 지극히 단순하다. 부모에 대한 사랑, 자식에 대한 사랑, 아내에 대한 사랑, 이 세상 그 누구도 다 경험하고 살아가는 그 허다하고 사소하고 평범한 일상을 그냥 흘리지 않고, 시인은 단순한 것을 단순하지 않게, 사소한 것을 사소하지 않게 그려내고 있으니 이것이 바로 시인만이 할 수 있는 언어의 마술법이다.

3

김일홍 시인은 시를 통해 삶의 문제를 제기한다. 일찍이 20세기 최고의 시인 중 한 명인 릴케는 '시를 쓰지 않으면 살아 있는 이유를 찾지 못할 때 시를 쓰라'고 했다. 시는 여기(餘氣)가 아닌 인간의 근원적 고독에 대한 성찰이다.

김 시인의 시에는 그리움과 허무가 짙게 깔린다. 시의 대상은 그리움이다. 시인은 그 존재의 밑바닥에 그리움을 심는 사람들이다. 그 그리움을 시인은 마치 한잔의 녹차를 우려내듯이 문학이라는 세련된 언어로 풀어내게 된다.

세월 속에 그리운 사람
바람결에 흘러간 사람
구름 속에 가려진 사람

그 사람이 보고 싶다

—「그리움」에서

행복이라는 한없는 그리움만/ 상상하며

—「나에게 묻는다」에서

그리운 이가 더욱 그리운 이 계절
보고 싶은 마음 가득 담고
달려간 만추의 산

—「만추〈2〉」에서

보고 싶은 얼굴
그리운 마음
그 누가 알까

—「민들레」에서

숱한 세월 아무 말 없는 순결은
누구를 그리는 그리움입니까

—「세월」에서

시를 쓰는 가장 원초적인 동기는 바로 그리움이다. 아름다운 슬픔과 숨기고 싶은 진실을 언어로 그려내는 예술이다. 사람에 대한 그리움, 고향에 대한 그리움, 어린 날 추억에 대한 그리움, 자연에 대한 그리움, 미래에 대한 그리움, 그리움에 대한 목마름이다.

다음으로 김 시인의 시에 유독 눈에 많이 띄는 시의 주제가 '허무와 고독'이다. 지금까지 동서양의 많은 석학들이 내린 인생에 대한 결론은 삶이란 허무요, 고독이라는 것이다. 시는 허무와 고독을 자양분으로 자라는 생물이다. 허무와 고독을 허무와 고독으로 극복하는 아이러니가 바로 문학이다. 문학은 고도의 정신적 사유와 인식의 세계를 아우르는 수준 높은 예술이 될 수 있는 까닭이 여기에 있다.

달랑 숟가락 하나
종지 속 곰삭은 김치 와 찬밥 한 그릇
천장에 매달린 꼬마전구
깨진 유리창 너머 짧은 햇살
차가운 방바닥 이불 한 장

—「독거노인」에서

한 치 앞을 볼 수 없는
미래에 대한 불안
욕망의 구릉 속에
자신의 욕심을 불태우고
허공에 그린 꿈

—「욕망」에서

굵은 손마디 할퀴고 닳은 손바닥
깊게 패인 주름살

흰 허리는 험한 세상 살아온
세월의 훈장인가

—「폐지」에서

시를 쓰는 사람들은 하찮은 일상이나 삶의 모양들에 대해서도 늘 주의 깊게 주목하고 생각하는 습관을 갖는다. 그리하여 삶에 편입된 모든 일상의 요소들을 나름대로 자신만의 화두로 삼아 바라본다. 시인은 그 화두를 붙들고 깊은 침잠과 성찰을 통해 마침내 작가적 인식으로 형상화하는 것은 바로 시인이 가진 능력일 것이다.

김 시인의 시에서 나타나는 고독과 허무의 탈출은 새로운 세계의 소망과 꿈을 제시함으로 극복하게 된다.

희망이 없는 도시 일상의 지친 모습
나도 그들과 나란히 걷는다
이 도시를 떠나고 싶다
갈대밭에 바람이 스쳐 가는 소리가 있는 곳
풍경소리 새소리가 있는 곳
마음의 안식처가 되는 곳
그곳으로 가고 싶다

—「길에서 만난 사람들」 중간 부분

풀잎으로 이엉 엮어
초가삼간 집을 짓고
풀벌레 울음소리

자장가 삼아
그곳에 살고 싶네

—「일탈」 끝 부분

지천명의 나이
무엇이 두렵다 할 것인가
바람결에 흔들리는 풀잎처럼
물결에 떠다니는 낙엽처럼
유유자적 살아보세

—「친구」 끝부분

어떤 여행가가 자신의 삶을 변화시키겠다며, 작은 배로 태평양을 횡단하고 돌아왔다. 그가 돌아왔을 때 이렇게 말했다. "여행을 마치고 돌아오는 날, 세상이 바뀌어 있을 줄 알았습니다. 하지만 서운하리만큼 모든 것은 제자리였죠. 그러나 괜찮습니다. 세상을 바라보는 제 자신이 변했기 때문입니다." 우리에게 필요한 것은 '나의 시선으로 세상을 바라보는 것'이다.

시인의 힘으로 세상을 바꿀 수는 없지만 보는 눈은 바꿀 수 있다. 바뀌는 세상이 중요한 게 아니라 세상을 바라보는 내 시선이 바뀌는 것이 중요하다. 지금 시인은 고독과 허무의 현실에서 낙심하는 페시미즘(pessimism)이 아니라 자연의 세계를 동경하며 거기에 희망을 걸고 있는 것이다.

4

김일홍 시인의 시의 특징은 기교의 틀에 갇히지 않고 불필요한 비유나 난삽한 상징성이 배제되어 있다는 점이다. 글을 보면 그 사람의 정신과 인격 등의 총체적인 모습을 짐작할 수 있다. 글을 통해 그 사람이 지금까지 어디서 어떻게 살아왔으며 어떤 사유를 하고 있는가를 짐작하게 된다. 곧, 글이 그 사람의 인격이 될 수 있다.

김 시인의 시에서 삶의 진정성을 느낄 수 있다. 현란한 언어유희가 아닌 참된 자기 모습을 서정적인 심안으로 일상에서 체득하고 경험한 삶의 내용을 마치 수필처럼 꾸밈없이 진술하고 있다. 김 시인의 시는 섬세하게 가공하지 않고, 고도의 축약으로 난해하게 만들지 않는다. 있는 그대로를 이야기하고 있을 뿐이다.

풀잎 끝에 맺힌 아침이슬
동녘 햇살에 살며시 스러지면
마구간의 소 뽀얀 입김을 품어내며
아침을 연다

낡은 고무신 발에 걸치고
뒷간 소여물 솥에 마른 고구마 줄기
콩깍지를 가득 부어
장작에 불을 붙이고

아낙은 안채 도장에 보리쌀
한 바가지 담아 마당 앞 우물가에
쪼그리고 앉아 밥쌀 준비하고

새벽을 알리던 닭들은
널린 벼 낱알 줍기 바쁘다

장독간 울타리 감나무에 매달린
붉은 홍시는 올겨울 찾아올
손주 여식 몫으로 늦가을 볕에
익어가네

―「가을」 전문

시를 읽으면 그 어디에도 언어를 비틀어 놓지 않았다. 한자어도 없고, 고답적이지도 않다. 투박하지만 누구나 쉽게 이해할 수 있는 「가을」의 묘사다. 일상의 언어로 일상의 생활을 일상적 느낌 그대로 표현했다. 그런데도 시는 살아 있다. 이것이 시다.

사람들은 '요즘 시가 어렵다'고 말한다. 이는 우리 문단의 일각에서 유행처럼 난무하는 해체적 난해시 때문이다. 시가 어려워지는 이유는 사물의 예술적 형상화 때문이거나, 시가 천착하고 있는 사물의 본질에 대한 탐구 때문이라고 주장한다. 그러나 시의 난해성으로 인해 오늘날 많은 독자를 잃게 했다는 것은 사실이다.

시는 시인과 독자와 공감에 의해 시적 가치를 획득한다. 시를 어렵게 쓰려는 사람들은 한마디로 민중에 대한 지적 오만 내지 경멸이 그 밑바탕에서 작용하고 있다고 본다. 다시 말하면 시인이라는 특수한 엘리트주의가 깔려 있기 때문일 것이다. 마치 조선 시대 문자를 독점했던 사대부 계층의 사고방식과 다를 바 없다.

김일홍 시인의 시는 누구나 겪을 수 있는 생활 속의 이야기를 쉽게 풀어나갔다는 점에서 높이 평가될 수 있다.

시 창작의 바탕은 사유(思惟)다. 시는 무엇보다 자신을 표현하는 일이며, 개성과 독창성을 발휘하는 창조적인 예술이다. 사람들이 똑같은 사물을 보더라도 각자 보는 눈이 틀리며, 느끼는 것이 다른 것은 생각이 다르기 때문이다. 이렇게 남과 구별되는 자기만의 생각으로 시를 쓰는 김일홍 시인에게 퇴임 후에도 더 좋은 작품으로 만날 수 있기를 바란다.

그림과책 시선 149

쉬지 않는 바람처럼

초판 1쇄 발행일 _ 2016년 6월 30일

지은이 _ 김일홍
펴낸이 _ 손근호

펴낸곳 _ 도서출판 그림과책
출판등록 2003년 5월 12일 제300-2003-87호

03030 서울 종로구 통일로 272, 210호 송암빌딩(무악동)
도서출판 그림과책
전화 (02)720-9875, 2987 _ 팩스 (02)720-4389
도서출판 그림과책 homepage _ www.sisamundan.co.kr
후원 _ 월간 시사문단(www.sisamundan.co.kr)
E-mail _ munhak@sisamundan.co.kr

ISBN 978-89-94753-47-8(03810)

값 10,000원

이 도서의 국립중앙도서관 출판예정도서목록(CIP)은 서지정보유통지원시스템 홈페이지(http://seoji.nl.go.kr)와 국가자료공동목록시스템(http://www.nl.go.kr/kolisnet)에서 이용하실 수 있습니다.(CIP제어번호: CIP2016015148)